Vorwort

Wenn man Low Carb hört denkt man oft, man müsse nur noch Fleisch und Eier essen. Doch dem ist nicht so! Mit der Low Carb Methode lassen sich viele Dinge wie Mehl oder Zucker durch andere Zutaten ersetzen. So können Sie backen und weiterhin schlank bleiben, ohne Verzicht. Ich wünsche Ihnen viel Freude mit meinem Buch.

Inhaltsangabe

Vorwort

Zimtsterne
Gebrannte Mandeln
Orangenplätzchen
Zitronenplätzchen
Marzipanplätzchen
Mandeltaler
Haselnusstaler
Kokostaler
Nussberge
Spritzgebäck
Schoko Spritzgebäck
Walnussbrot
Pekannussbrot
Leinsamen Mandelbrot
Leinsamen Haselnussbrot
Weißbrot
Baguette
Süße Quarkbrötchen
Vielerlei Nussbrot
Kokosbrot
Kleines Bauernbrot
Buttertoast
Leinsamen Toast
Knäckebrot
Rosmarin Knäcke
Basilikum Knäcke
Kürbiskerne Käse Knäcke
Chiasamen Knäcke
Paranuss Knäcke
Haferkleie Brot
Kümmelbrot
Kürbiskernbrot
Schnelles Haferbrot

Joghurt Brot
Kleine Fladenbrote
Pizza Fladen
Ziegenkäse Fladen
Oliven Fladen
Salami Fladen
Kichererbsenbrot
Helles Quarkbrot
Sesambrot
Veganes Hefebrot
Mandel Joghurtbrot
Knuspriges Walnussbrot
Knuspriges Haselnussbrot
Knuspriges Mandelbrot
Süßes Kokosbrot
Süßes Mandelbrot
Kokos Bananenbrot
Affenbrot
Rustikales Sonnenblumenkernbrot
Rustikales Kürbiskernbrot
Kürbiskern Käsebrot
Macadamianuss Brot
Pinienkerne Brot
Kastanienmehl Brot
Flohsamen Brot
Kürbiskern Kastanienmehl Brot
Mohnbrot
Sesambrot

Nachtrag zum Impressum
Bilderquelle

Quarkplätzchen

Zutaten
500 g Quark mager
12 EL Öl
2 EL flüssiger Süßstoff
3 Eier
Mark einer Vanilleschote
Abgeriebene Schale einer
Bio Zitrone
600 g sehr fein gemahlene
Mandeln oder Mandelmehl
1 Pck. Backpulver
9 EL flüssige Sahne

Zubereitung
Alle Zutaten in eine Schüssel geben und mit dem
Rührgerät ca. 2 Minuten zu einem Teig kneten. Auf einer
Arbeitsfläche etwas Mandelmehl streuen und den Teig
darauf ausrollen. Plätzchen ausstechen und auf ein mit
Backpapier ausgelegtes Blech geben. Die Kekse dann bei
200 Grad ca. 15 Minuten backen.

Schokoplätzchen

Zutaten
500 g Quark mager
2 EL Backkakao
50 g zerbröckelte Schokolade
(mindestens 85 % Schokolade
nehmen)
12 EL Öl
2 EL flüssiger Süßstoff
3 Eier
Mark einer Vanilleschote
550 g sehr fein gemahlene
Mandeln oder Mandelmehl
50 g grob gehackt
1 Pck. Backpulver
9 EL flüssige Sahne

Zubereitung
Alle Zutaten in eine Schüssel geben und mit dem
Rührgerät ca. 2 Minuten zu einem Teig kneten. Auf einer
Arbeitsfläche etwas Mandelmehl streuen und den Teig
darauf ausrollen. Plätzchen ausstechen und auf ein mit
Backpapier ausgelegtes Blech geben. Die Kekse dann bei
200 Grad ca. 15 Minuten backen.

Weiche Vanilleplätzchen

Zutaten
50 g Butter weich
100 g Eiweißpulver neutral
2 EL Vanillearoma
3 EL Süßstoff flüssig
2 Eier
2 EL Sahne
½ TL Backpulver

Zubereitung
Die Zutaten in eine Schüssel füllen und mit dem
Rührgerät kräftig durchrühren. Den Teig für eine Stunde
in den Kühlschrank stellen. Ein Backblech mit
Backpapier auslegen. Aus dem Teig Kügelchen formen
und auf das Blech geben. Ca. 15 Minuten bei 200 Grad
backen.

Weiche Orangenplätzchen

Zutaten
50 g Butter weich
100 g Eiweißpulver neutral
2 EL Orangenschale
1 Fläschchen Orangenaroma
3 EL Süßstoff flüssig
2 Eier
2 EL Sahne
½ TL Backpulver

Zubereitung
Die Zutaten in eine Schüssel füllen und mit dem
Rührgerät kräftig durchrühren. Den Teig für eine Stunde
in den Kühlschrank stellen. Ein Backblech mit
Backpapier auslegen. Aus dem Teig Kügelchen formen
und auf das Blech geben. Ca. 15 Minuten bei 200 Grad
backen.

Vanillekipferl

Zutaten
250 g Mandelmehl
200 g Butter, weich
125 g gemahlene Mandeln
3 Eigelbe
50 g Xucker oder andere Streusüße
Süßstoff flüssig nach Geschmack
½ TL Backpulver

Zubereitung
Alle Zutaten außer Xucker in eine Schüssel geben. Auf
höchster Stufe mit dem Handrührgerät vermischen, bis
ein Teig entsteht. Ein Backblech mit Backpapier
auslegen. Den Teig für eine Stunde in den Kühlschrank
geben. Nun mit den Händen aus dem Teig erst Kugeln
formen, dann Halbmonde. Auf das Backblech geben und
ca. 12 Minuten bei 180 Grad backen. Die Kipferl in den
Xucker wälzen und genießen.

Pekankipferl

Zutaten
250 g Mandelmehl
200 g Butter, weich
125 g Pekannüsse gemahlen
3 Eigelbe
50 g Xucker oder andere Streusüße
Süßstoff flüssig nach Geschmack
½ TL Backpulver

Zubereitung
Alle Zutaten außer Xucker in eine Schüssel geben. Auf
höchster Stufe mit dem Handrührgerät vermischen, bis
ein Teig entsteht. Ein Backblech mit Backpapier
auslegen. Den Teig für eine Stunde in den Kühlschrank
geben. Nun mit den Händen aus dem Teig erst Kugeln
formen, dann Halbmonde. Auf das Backblech geben und
ca. 12 Minuten bei 180 Grad backen. Die Kipferl in den
Xucker wälzen und genießen.

Schokokipferl

Zutaten
250 g Mandelmehl
30 g Backkakao
20 g gemahlene Haselnüsse
250 g Butter, weich
125 g gemahlene Mandeln
½ TL Zimt
3 Eigelbe
50 g Xucker oder andere Streusüße
Süßstoff flüssig nach Geschmack
½ TL Backpulver

Zubereitung
Alle Zutaten außer Xucker in eine Schüssel geben. Auf
höchster Stufe mit dem Handrührgerät vermischen, bis
ein Teig entsteht. Ein Backblech mit Backpapier
auslegen. Den Teig für eine Stunde in den Kühlschrank
geben. Nun mit den Händen aus dem Teig erst Kugeln
formen, dann Halbmonde. Auf das Backblech geben und
ca. 12 Minuten bei 180 Grad backen. Die Kipferl in den
Xucker wälzen und genießen.

Haselnusskipferl

Zutaten
250 g gemahlene Haselnüsse
½ TL Bindobin
200 g Butter, weich
125 g gemahlene Mandeln
½ TL Zimt
1 Fläschchen Backaroma Vanille
3 Eigelbe
50 g Xucker oder andere Streusüße
Süßstoff flüssig nach Geschmack
½ TL Backpulver

Zubereitung
Alle Zutaten außer Xucker in eine Schüssel geben. Auf
höchster Stufe mit dem Handrührgerät vermischen, bis
ein Teig entsteht. Ein Backblech mit Backpapier
auslegen. Den Teig für eine Stunde in den Kühlschrank
geben. Nun mit den Händen aus dem Teig erst Kugeln
formen, dann Halbmonde. Auf das Backblech geben und
ca. 12 Minuten bei 180 Grad backen. Die Kipferl in den
Xucker wälzen und genießen.

Erdnussbutterplätzchen

Zutaten
150 g Erdnussbutter
1 Ei
Mark einer Vanilleschote
Süßstoff nach Geschmack

Zubereitung
Alle Zutaten in eine Rührschüssel geben und mit dem Rührgerät eine Minute lang vermischen. Ein Backblech mit Backpapier belegen und mit zwei Löffeln kleine Portionen Teig abstechen. Die kleinen Häuflein auf das Backpapier setzen. Bei 200 Grad ca. 12 Minuten backen.

Kokosmakronen

Zutaten
2 Eier
230 g Kokosraspeln
100 g saure Sahne
Süßstoff

Zubereitung
Alle Zutaten in die Schüssel geben und mit Süßstoff abschmecken. Ein Backblech mit Backpapier auskleiden. Mit 2 Löffeln kleine Teighäufchen aufs Blech setzen und ca. 25 Minuten bei 150 Grad backen.

Mandelmakronen

Zutaten
2 Eier
120 g blättrige Mandeln
120 g gemahlene Mandeln
1 Fläschchen Bittermandelöl
100 g saure Sahne
Süßstoff

Zubereitung
Alle Zutaten in die Schüssel geben und mit Süßstoff
abschmecken. Ein Backblech mit Backpapier auskleiden.
Mit 2 Löffeln kleine Teighäufchen aufs Blech setzen und
ca. 25 Minuten bei 150 Grad backen.

Haselnussmakronen

Zutaten
2 Eier
120 g Haselnuss gemahlen
120 g Haselnuss gehackt
1 Prise Zimt
100 g saure Sahne
Süßstoff

Zubereitung
Alle Zutaten in die Schüssel geben und mit Süßstoff
abschmecken. Ein Backblech mit Backpapier auskleiden.
Mit 2 Löffeln kleine Teighäufchen aufs Blech setzen und
ca. 25 Minuten bei 150 Grad backen.

Schoko Cookies

Zutaten
150 g Mandeln gemahlen
120 g Butter
1 Ei
½ TL Natron
Süßstoff
50 g Schokolade 85 % gehackt
1 Prise Salz

Zubereitung
Alle Zutaten in eine Schüssel geben. Mit dem Rührgerät
gut durchkneten. Mit zwei Löffeln auf ein mit
Backpapier belegtes Blech Teighäufchen geben. Etwas
Abstand lassen, da die Cookies etwas auseinander laufen.
Bei 200 Grad 15 Minuten backen.

Mandel Eiweißplätzchen

Zutaten
60 g Butter weich
50 g Eiweißpulver
50 g gemahlene Mandeln
50 g Sahne flüssig
Süßstoff nach Geschmack
1 TL Backpulver
½ Fläschchen Bittermandelaroma
1 EL Kakao zum Backen

Zubereitung
Alle Zutaten nacheinander in eine Schüssel geben. Mit
dem Rührgerät zu einer homogenen Masse verarbeiten.
Ein Backblech mit Backpapier auskleiden. Mit zwei
Teelöffeln kleine Teighäufchen auf das Backpapier
geben. Bei 180 Grad ca. 15 bis 18 Minuten backen.

Kokos Eiweißplätzchen

Zutaten
60 g Butter weich
50 g Eiweißpulver
50 g gemahlene Kokosflocken
30 g Kokosflocken
20 g Kokosöl
50 g Sahne flüssig
Süßstoff nach Geschmack
1 TL Backpulver
1 EL Kakao zum Backen

Zubereitung
Alle Zutaten nacheinander in eine Schüssel geben. Mit dem Rührgerät zu einer homogenen Masse verarbeiten. Ein Backblech mit Backpapier auskleiden. Mit zwei Teelöffeln kleine Teighäufchen auf das Backpapier geben. Bei 180 Grad ca. 15 bis 18 Minuten backen.

Quarkbällchen

Zutaten
Süßstoff nach Geschmack
80 g Quark
1 Ei
40g Eiweißpulver neutral
1 TL Backpulver
20 g gemahlene Mandeln
etwas Streusüße zum Bestäuben
Fett zum Frittieren

Zubereitung
Das Fett erhitzen. Alle anderen Zutaten, außer die
Streusüße in eine Schüssel geben und mit dem Rührgerät
vermischen. Den Teig teelöffelweise in das Fett geben.
Wenn sie goldbraun sind und oben schwimmen
herausnehmen und auf Küchenkrepp abtropfen lassen.
Mit der Streusüße bestäuben und genießen.

Lebkuchen

Zutaten
3 Eier
50 g Frischkäse
100 g geriebene Mandeln
50 g gehackte Mandeln
Süßstoff nach Geschmack
70g Eiweißpulver neutral
20 g Backkakao
20 g Butter
1 TL Zimt
2 TL Lebkuchengewürz

Zubereitung
Alle Zutaten zusammen in eine Schüssel geben und mit
dem Rührgerät kräftig durchrühren. Ein Blech mit
Backpapier belegen und den Teig Klecksweise
draufgeben. Man kann auch den ganzen Teig auf ein
Blech geben und ihn dann schneiden, ganz nach Belieben.
Alles bei 180 Grad ca. 20 Minuten backen.

Brownies

Zutaten
200 g Butter weich
80 g Kakaopulver zum Backen
Süßstoff nach Geschmack
4 Eier
150 g Mandeln gemahlen

Zubereitung
Alle Zutaten in eine Schüssel geben und verrühren. Ein tiefes Blech mit Backpapier belegen und den Teig draufschütten. Ca. 20 Minuten bei 200 Grad backen und in Stücken schneiden. Wer möchte, kann noch eine Tafel Schokolade 85% schmelzen und die Brownies damit überziehen.

Macadamia Brownies

Zutaten
200 g Butter weich
80 g Kakaopulver zum Backen
Süßstoff nach Geschmack
4 Eier
150 g Mandeln gemahlen
100 g Macadamia

Zubereitung
Alle Zutaten außer Macadamia in eine Schüssel geben und verrühren. Ein tiefes Blech mit Backpapier belegen und den Teig draufschütten. Die Macadamias auf den Teig streuen und einsinken lassen. Ca. 20 Minuten bei 200 Grad backen und in Stücken schneiden. Wer möchte, kann noch eine Tafel Schokolade 85% schmelzen und die Brownies damit überziehen.

Spekulatius

Zutaten
2 Eier
200 g gemahlene Haselnusskerne
50 g Butter
1 TL Spekulatiusgewürz
Süßstoff nach Geschmack

Zubereitung
Alle Zutaten in ein Rührgefäß füllen und vermengen,
Eine Arbeitsfläche mit gemahlenen Haselnüssen
bestreuen, damit der Teig nicht klebt. Den Teig
hinaufgehen und Spekulatius formen. Ein Blech mit
Backpapier belegen und die Plätzchen hinauflegen. Bei
180 Grad ca. 18 bis 20 Minuten backen.

Pfefferkuchen

Zutaten
3 Eier
50 g Frischkäse
100 g geriebene Mandeln
50 g gehackte Mandeln
Süßstoff nach Geschmack
70g Eiweißpulver neutral
20 g Backkakao
20 g Butter
1 TL Zimt
2 TL Pfefferkuchengewürz

Zubereitung
Alle Zutaten zusammen in eine Schüssel geben und mit
dem Rührgerät kräftig durchrühren. Ein Blech mit
Backpapier belegen und den Teig Klecksweise
draufgeben. Man kann auch den ganzen Teig auf ein
Blech geben und ihn dann schneiden, ganz nach Belieben.
Alles bei 180 Grad ca. 20 Minuten backen.

Marzipan Kugeln

Zutaten
Teig
200 g weiße Mandeln
gemahlen
1 Fläschchen Bittermandelaroma
50 g Butter weich
Süßstoff nach Geschmack
2 TL Eiweißpulver

Dekor
1 EL Backkakao
1 EL Streusüße
1 TL Zimt

Zubereitung
Alle Teigzutaten in eine Schüssel geben und verkneten.
Dann den Teig zu Kügelchen rollen. Die Zutaten für das
Dekor in ein Schälchen geben und vermischen. Die
Kugeln darin wälzen. Im Kühlschrank aufbewahren.

Kokos Kugeln

Zutaten
Teig
200 g Kokosraspeln gemahlen
50 g Kokosöl
1 EL Rum
Süßstoff nach Geschmack
3 TL Eiweißpulver

Dekor
1 EL Kokosraspeln
1 EL Streusüße

Zubereitung
Alle Teigzutaten in eine Schüssel geben und verkneten.
Dann den Teig zu Kügelchen rollen. Die Zutaten für das
Dekor in ein Schälchen geben und vermischen. Die
Kugeln darin wälzen. Im Kühlschrank aufbewahren.

Rum Kugeln

Zutaten
Teig
200 g weiße Mandeln
gemahlen
1 EL Rum
50 g Butter weich
Süßstoff nach Geschmack
2 TL Eiweißpulver
1 EL Backkakao

Dekor
2 EL Schokolade 85 % gehackt

Zubereitung
Alle Teigzutaten in eine Schüssel geben und verkneten.
Dann den Teig zu Kügelchen rollen. Die Zutaten für das
Dekor in ein Schälchen geben. Die Kugeln darin wälzen.
Im Kühlschrank aufbewahren.

Haselnuss Kugeln

Zutaten
Teig
200 g Haselnüsse
gemahlen
1 TL Zimt
50 g Butter weich
1 EL Sahne
Süßstoff nach Geschmack
3 TL Eiweißpulver

Dekor
2 EL Haselnüsse gesplittert
kurz in der Pfanne anrösten
1 EL Streusüße
1 TL Zimt

Zubereitung
Alle Teigzutaten in eine Schüssel geben und verkneten.
Dann den Teig zu Kügelchen rollen. Die Zutaten für das
Dekor in ein Schälchen geben und vermischen. Die
Kugeln darin wälzen. Im Kühlschrank aufbewahren.

Leinsamen Plätzchen

Zutaten
3 gehäufte EL Leinsaat gemahlen
1 Ei
1 EL Butter weich
Süßstoff nach Geschmack
1 EL Backkakao
1 TL Zimt
1 TL Sesam

Zubereitung
Alle Zutaten miteinander verrühren. Ein Backblech mit
Backpapier belegen und mit zwei Löffeln kleine
Teighäuflein auf das Papier geben. Ca. 20 – 25 Minuten
bei 180 Grad backen, sie sollen recht fest werden.

Zimtsterne

Zutaten
2 Eiweiße steif geschlagen
125 g gemahlene Haselnüsse
125 g gemahlene Mandeln
1 TL Zimt
Süßstoff nach Geschmack

Zubereitung
Die Zutaten miteinander vermischen. Auf einer mit
gemahlenen Mandeln bestreuten Fläche geben und
ausrollen. Sterne ausstechen. Auf ein mit Backpapier
belegtes Blech geben und bei 180 Grad 15 bis 20
Minuten backen.

Gebrannte Mandeln

250 g Mandeln
1 Eiweiß
1 EL Lebkuchengewürz
Süßstoff nach Geschmack

Zubereitung
Eiweiß, Gewürz und Süßstoff in eine Schüssel geben und
vermischen. Nun die Mandeln hinzufügen und darin
wälzen. Ein Backblech mit Backpapier auskleiden und
die Mandeln hinauf geben. Bei 200 Grad backen bis sie
knackig braun sind.

Orangenplätzchen

Zutaten
4 Eiweiße geschlagen
250 g gemahlene Mandeln
Süßstoff nach Geschmack
2 Fläschchen Orangenaroma

Zubereitung
Alles zusammen in eine Schüssel geben und mit dem Handrührgerät zu einer homogenen Masse verarbeiten. Ein Backblech mit Backpapier auslegen und mit dem Löffel kleine Teighäufchen auf das Papier geben. Alles bei 180 Grad ca. 15 bis 18 Minuten backen.

Zitronenplätzchen

Zutaten
4 Eiweiße geschlagen
250 g gemahlene Mandeln
Süßstoff nach Geschmack
2 Fläschchen Zitronenaroma
1 TL Zitronenschale gerieben

Zubereitung
Alles zusammen in eine Schüssel geben und mit dem
Handrührgerät zu einer homogenen Masse verarbeiten.
Ein Backblech mit Backpapier auslegen und mit dem
Löffel kleine Teighäufchen auf das Papier geben. Alles
bei 180 Grad ca. 15 bis 18 Minuten backen.

Marzipanplätzchen

Zutaten
4 Eiweiße geschlagen

250 g gemahlene Mandeln
Süßstoff nach Geschmack
1 Fläschchen Bittermandelaroma

Zubereitung
Alles zusammen in eine Schüssel geben und mit dem
Handrührgerät zu einer homogenen Masse verarbeiten.
Ein Backblech mit Backpapier auslegen und mit dem
Löffel kleine Teighäufchen auf das Papier geben. Alles
bei 180 Grad ca. 15 bis 18 Minuten backen.

Mandeltaler

Zutaten
100 g blättrige Mandeln
Süßstoff nach Geschmack
80 g weiche Butter
80 g gemahlene Mandeln
80 g Eiweißpulver
1 TL Zimt
2 Eier

Zubereitung
Alle Zutaten außer die blättrigen Mandeln in eine
Rührschüssel geben und kräftig vermischen. Aus der
Masse kleine Taler formen. Ein Blech mit Backpapier
auskleiden und die Taler hinauf geben. Die Blättrigen
Mandeln auf die Taler drücken. Bei 180 Grad ca. 18
Minuten backen.

Haselnusstaler

Zutaten
100 g gehackte Haselnüsse
Süßstoff nach Geschmack
80 g weiche Butter
80 g gemahlene Haselnüsse
80 g Eiweißpulver
1 TL Zimt
2 Eier

Zubereitung
Alle Zutaten außer die gehackten Haselnüsse in eine
Rührschüssel geben und kräftig vermischen. Aus der
Masse kleine Taler formen. Ein Blech mit Backpapier
auskleiden und die Taler hinauf geben. Die gehackten
Haselnüsse auf die Taler drücken. Bei 180 Grad ca. 18
Minuten backen.

Kokostaler

Zutaten
100 g Kokosraspeln
Süßstoff nach Geschmack
80 g weiche Butter
80 g gemahlene Kokosraspeln
80 g Eiweißpulver
1 Fläschchen Rumaroma
2 Eier

Zubereitung
Alle Zutaten außer den Kokosraspeln in eine
Rührschüssel geben und kräftig vermischen. Aus der
Masse kleine Taler formen. Ein Blech mit Backpapier
auskleiden und die Taler hinauf geben. Die Kokosraspeln
auf die Taler drücken. Bei 180 Grad ca. 18 Minuten
backen.

Nussberge

Zutaten
200 g Mandeln gestiftet
2 EL Sahne
200 g Schokolade 85 %

Zubereitung
Die Schokolade im Wasserbad schmelzen. Die Mandeln
und die Sahne unterrühren. Ein Blech mit Backpapier
belegen und kleine Häufchen der Masse darauf setzen.
Im Kühlschrank stellen und fest werden lassen.

Spritzgebäck

Zutaten
100 g Gluten
300 g Butter
400 g Mandelmehl
Mark von 2 Vanille Schoten
450 g Sojamilch
200 g Sahne
Süßstoff nach Geschmack
Geriebene Schale einer Bio Orange

Zubereitung
Alle Zutaten in eine Schüssel geben und mit dem
Mixgerät verrühren. Den Teig portionsweise in eine
Gebäckpresse geben und den gepressten Teig auf ein mit
Backpapier ausgelegtes Blech geben. Im Ofen bei ca. 200
Grad 15 bis 18 Minuten backen.

Schoko Spritzgebäck

Zutaten
100 g Gluten
300 g Butter
400 g Mandelmehl
Mark von 2 Vanille Schoten
450 g Sojamilch
250 g Sahne
40 g Backkakao
Süßstoff nach Geschmack
Geriebene Schale einer Bio Orange

Zubereitung
Alle Zutaten in eine Schüssel geben und mit dem
Mixgerät verrühren. Den Teig portionsweise in eine
Gebäckpresse geben und den gepressten Teig auf ein mit
Backpapier ausgelegtes Blech geben. Im Ofen bei ca. 200
Grad 15 bis 18 Minuten backen.

Walnussbrot

Zutaten
250 g Quark
50 g Speisekleie
50 g Eiweißpulver neutral
50 g Leinsamen, geschrotet
60 g gehackte Walnüsse
20 g Butter
1 TL Brotgewürz
2 Eier
1 TL Backpulver

Zubereitung
Alle Zutaten in eine Schüssel geben und mit dem
Handrührgerät vermischen. Eine Kastenform mit
Backpapier auslegen und den Teig hineingießen. Im
Backofen bei 180 Grad ca. 1 Stunde backen.

Pekannussbrot

Zutaten
250 g Quark
50 g Speisekleie
50 g Eiweißpulver neutral
50 g Leinsamen, geschrotet
60 g gehackte Pekannüsse
20 g Butter
1 TL Brotgewürz
2 Eier
1 TL Backpulver

Zubereitung
Alle Zutaten in eine Schüssel geben und mit dem
Handrührgerät vermischen. Eine Kastenform mit
Backpapier auslegen und den Teig hineingießen. Im
Backofen bei 180 Grad ca. 1 Stunde backen.

Leinsamen Mandelbrot

Zutaten
300 g Magerquark
100 g Mandeln gemahlen
100 g Leinsamen gemahlen
20 g Butter
5 EL Weizenspeisekleie
8 Eier
1 TL Salz
1 Pck. Backpulver
2 EL Sonnenblumenkerne

Zubereitung
Alle Zutaten außer den Sonnenblumenkernen in eine
Schüssel geben und vermengen. Eine Kastenform mit
Backpapier auskleiden und den Teig hinein geben. Mit
den Sonnenblumenkernen bestreuen und in den Ofen
schieben. Bei 180 Grad ca. 1 Stunde backen.

Leinsamen Haselnussbrot

Zutaten
300 g Magerquark
100 g Haselnüsse gemahlen
100 g Leinsamen gemahlen
20 g Butter
5 EL Weizenspeisekleie
8 Eier
1 TL Salz
1 Pck. Backpulver
2 EL Sonnenblumenkerne

Zubereitung
Alle Zutaten außer den Sonnenblumenkernen in eine
Schüssel geben und vermengen. Eine Kastenform mit
Backpapier auskleiden und den Teig hinein geben. Mit
den Sonnenblumenkernen bestreuen und in den Ofen
schieben. Bei 180 Grad ca. 1 Stunde backen.

Weißbrot

Zutaten
200 g Sojamehl
160 g Gluten
30 g Eiweißpulver neutral
1 Würfel Hefe
1 Ei
200 ml lauwarmes Wasser
80 g Butter

Zubereitung
Hefe und Wasser in eine Schüssel geben und die Hefe
darin auflösen. Nun die übrigen Zutaten hinzufügen und
mit dem Rührgerät zu einem Teig kneten. Den Teig eine
Stunde ruhen lassen. Eine Brotbackform mit Backpapier
auslegen und den Teig hineinfüllen. Das Brot bei 180
Grad ca. 1 Stunde backen.

Baguette

Zutaten
150 g Mandelmehl
50 g Flohschalen gemahlen
2 Eiweiß geschlagen
1 gestrichener TL Salz
2 TL Backpulver
250 g kochendes Wasser

Zubereitung
Alle trockenen Zutaten in eine Rührschüssel geben und
miteinander vermengen. Jetzt die übrigen Zutaten
hinzufügen und mit dem Rührgerät vermischen. Ein
Backblech mit Backpapier ausschlagen. Aus dem Teig
kleine Baguette formen und bei 180 Grad ca. 45 Minuten
backen. Man kann sie auch mit Käse oder
Sonneblumenkernen bestreuen.

Vielerlei Nussbrot

Zutaten
100 g Walnussmehl
100 g Haselnussmehl
100 g Kokosmehl
200 g Mandelmehl
4 Eier
200 g Joghurt
60 g Olivenöl
1 TL Natron
20 g Flohsamenschalen gemahlen
1 TL Kümmel

Zubereitung
Die Zutaten nacheinander in eine passende Schüssel
geben. Mit dem Rührgerät auf höchster Stufe kneten, bis
ein homogener Teig entsteht. Eine Backform mit
Backpapier auskleiden und den Teig hinein geben. Bei
180 Grad ca. 1 Stunde backen.

Kokosbrot

Zutaten
300 g Kokosmehl
200 g Mandelmehl
4 Eier
200 g Joghurt
60 g Kokosöl
1 TL Natron
20 g Flohsamenschalen gemahlen
1 TL Kümmel

Zubereitung
Die Zutaten nacheinander in eine passende Schüssel
geben. Mit dem Rührgerät auf höchster Stufe kneten, bis
ein homogener Teig entsteht. Eine Backform mit
Backpapier auskleiden und den Teig hinein geben. Bei
180 Grad ca. 1 Stunde backen.

Kleines Bauernbrot

Zutaten
70 g goldgelbe Leinsaat gemahlen
1 TL Brotgewürz
1 TL Backpulver
2 Eier
40 g Butter
etwas Salz

Zubereitung
Alle Zutaten in einer Schüssel miteinander vermengen.
Eine kleine Brotbackform mit Backpapier auskleiden und
den Teig hinein geben. Bei 180 Grad ca. 30 Minuten
backen.

Buttertoast

Zutaten
280 g gemahlene Mandeln weiss
90 g gemahlene Flohsamenschalen
2 TL Backpulver
1 Teelöffel Salz
60 g Apfelessig
6 Eiweiße geschlagen
340 g kochendes Wasser

Zubereitung
Alle Zutaten außer dem Wasser in eine Schüssel geben.
Kurz miteinander vermengen. Nun das Wasser hinein
geben und auf höchster Stufe zügig mit dem
Handrührgerät vermischen. Eine Brotform mit
Backpapier ausschlagen und den Teig hinein geben. Bei
180 Grad ca. 1 Stunde backen.

Leinsamen Toast

Zutaten
200 g gemahlene Mandeln weiß
80 g gemahlene Leinsamen
90 g gemahlene Flohsamenschalen
50 g Leinsamen
2 TL Backpulver
1 Teelöffel Salz
60 g Apfelessig
6 Eiweiße geschlagen
340 g kochendes Wasser

Zubereitung
Alle Zutaten außer dem Wasser in eine Schüssel geben.
Kurz miteinander vermengen. Nun das Wasser hinein
geben und auf höchster Stufe zügig mit dem
Handrührgerät vermischen. Eine Brotform mit
Backpapier ausschlagen und den Teig hinein geben. Bei
180 Grad ca. 1 Stunde backen.

Knäckebrot

Zutaten
4 EL Goldleinsaat gemahlen
1 Ei
1 Prise Salz
etwas Sesam zum Bestreuen

Zubereitung
Alle Zutaten außer Sesam zusammenrühren. Eine Mikrowellen geeignete Form bereitstellen. Den Teig in die Form streichen und mit Sesam bestreuen. Alles in Knäckebrot Stücke schneiden. In der Mikrowelle auf höchster Stufe backen, bis das Knäcke richtig hart ist. Das dauert ca. 5 Minuten.

Rosmarin Knäcke

Zutaten
4 EL Goldleinsaat gemahlen
1 Ei
1 EL Rosmarin getrocknet
1 EL Sonnenblumenkerne
1 Prise Salz
etwas Sesam zum Bestreuen

Zubereitung
Alle Zutaten außer Sesam zusammenrühren. Eine
Mikrowellen geeignete Form bereitstellen. Den Teig in
die Form streichen und mit Sesam bestreuen. Alles in
Knäckebrot Stücke schneiden. In der Mikrowelle auf
höchster Stufe backen, bis das Knäcke richtig hart ist.
Das dauert ca. 5 Minuten.

Basilikum Knäcke

Zutaten
4 EL Goldleinsaat gemahlen
1 Ei
1 EL Basilikum getrocknet
1 EL Hartkäse
1 EL Sonnenblumenkerne
1 Prise Salz
etwas Sesam zum Bestreuen

Zubereitung
Alle Zutaten außer Sesam zusammenrühren. Eine
Mikrowellen geeignete Form bereitstellen. Den Teig in
die Form streichen und mit Sesam bestreuen. Alles in
Knäckebrot Stücke schneiden. In der Mikrowelle auf
höchster Stufe backen, bis das Knäcke richtig hart ist.
Das dauert ca. 5 Minuten.

Kürbiskerne Käse Knäcke

Zutaten
4 EL Goldleinsaat gemahlen
1 EL Streukäse
1 EL Kürbiskerne
1 Ei
1 Prise Salz
etwas Sesam zum Bestreuen

Zubereitung
Alle Zutaten außer Sesam zusammenrühren. Eine
Mikrowellen geeignete Form bereitstellen. Den Teig in
die Form streichen und mit Sesam bestreuen. Alles in
Knäckebrot Stücke schneiden. In der Mikrowelle auf
höchster Stufe backen, bis das Knäcke richtig hart ist.
Das dauert ca. 5 Minuten.

Chiasamen Knäcke

Zutaten
4 EL Goldleinsaat gemahlen
1 EL Chiasamen
1 EL geriebener Käse
1 Ei
1 Prise Salz
etwas Sesam zum Bestreuen

Zubereitung
Alle Zutaten außer Sesam zusammenrühren. Eine
Mikrowellen geeignete Form bereitstellen. Den Teig in
die Form streichen und mit Sesam bestreuen. Alles in
Knäckebrot Stücke schneiden. In der Mikrowelle auf
höchster Stufe backen, bis das Knäcke richtig hart ist.
Das dauert ca. 5 Minuten.

Paranuss Knäcke

Zutaten
4 EL Goldleinsaat gemahlen
1 EL Paranüsse gehackt
1 EL geriebener Käse
1 Ei
1 Prise Salz
etwas Sesam zum Bestreuen

Zubereitung
Alle Zutaten außer Sesam zusammenrühren. Eine
Mikrowellen geeignete Form bereitstellen. Den Teig in
die Form streichen und mit Sesam bestreuen. Alles in
Knäckebrot Stücke schneiden. In der Mikrowelle auf
höchster Stufe backen, bis das Knäcke richtig hart ist.
Das dauert ca. 5 Minuten.

Haferkleie Brot

Zutaten
350g Haferkleie gemahlen
60 g Dinkelmehl
100 g Gluten
1 Pck. Hefe
80g Magerquark
1 EL Olivenöl
1 Prise Zucker
1/2 TL Salz
1/2 TL Brotgewürz
380 ml lauwarmes Wasser

Zubereitung
Die Hefe, die Prise Zucker und das Wasser in eine
Rührschüssel geben. Alles miteinander verrühren, damit
sich die Hefe gut auflöst. Nun die übrigen Zutaten
einfügen. Mit dem Rührgerät auf höchster Stufe
vermengen. Eine Brotform mit Backpapier auslegen. Den
Teig hinein geben und das Brot 1 Stunde ruhen lassen.
Bei 200 Grad ca. 1 Stunde backen.

Kümmelbrot

Zutaten
300 g Magerquark
100 g Mandeln gemahlen
100 g Leinsamen gemahlen
1 EL Kümmel
20 g Butter
5 EL Weizenspeisekleie
8 Eier
1 TL Salz
1 Pck. Backpulver
2 EL Sonnenblumenkerne

Zubereitung
Alle Zutaten außer den Sonnenblumenkernen in eine Schüssel geben und vermengen. Eine Kastenform mit Backpapier auskleiden und den Teig hinein geben. Mit den Sonnenblumenkernen bestreuen und in den Ofen schieben. Bei 180 Grad ca. 1 Stunde backen.

Kürbiskernbrot

Zutaten
250 g gemahlene Mandeln weiß
80 g Kürbiskerne
90 g gemahlene Flohsamenschalen
2 TL Backpulver
1 Teelöffel Salz
60 g Apfelessig
6 Eiweiße geschlagen
340 g kochendes Wasser

Zubereitung
Alle Zutaten außer dem Wasser in eine Schüssel geben.
Kurz miteinander vermengen. Nun das Wasser hinein
geben und auf höchster Stufe zügig mit dem
Handrührgerät vermischen. Eine Brotform mit
Backpapier ausschlagen und den Teig hinein geben.
Eventuell noch mit ein paar Kürbiskernen bestreuen. Bei
180 Grad ca. 1 Stunde backen.

Schnelles Haferbrot

Zutaten
250 g Haferkleie
50 g Weizenkleie
1 Pck. Backpulver
3 Prisen Salz
450 g Quark
6 Eier

Zubereitung
Alle Zutaten in eine Schüssel geben und mit dem Rührgerät vermengen. Eine Brotform mit Backpapier auslegen oder gut einfetten. Den Teig hinein geben und bei 180 Grad eine Stunde backen.

Joghurt Brot

Zutaten
Teig
400 g Sojajoghurt
120 g gemahlene Mandeln
60 g Leinsamen gemahlen
50 g Vollkornmehl
3 0g Weizenkleie
1 Päckchen Backpulver
1 TL Salz

Zutaten
Zum Bestreuen
20 g Sonnenblumenkerne

Zubereitung
Die Teigzutaten in ein Rührgefäß geben und mit dem
Mixgerät zu einer sämigen Masse mixen. Eine Backform
gut einfetten und den Teig hinein geben. Mit den
Sonnenblumenkernen bestreuen und bei 180 Grad ca. 1
Stunde backen.

Kleine Fladenbrote

Zutaten
Teig
100 g Magerquark
15 g Gluten
2 Eier getrennt, dass Eiweiß
muss aufgeschlagen sein

Zutaten
Zum Bestreuen
1 EL Sesam
etwas Kümmel

Zubereitung
Quark, Gluten und Eigelbe in eine Schüssel geben und
vermengen. Jetzt das Eiweiß unterheben. Ein Blech mit
Backpapier auslegen und kleine runde Fladen auf das
Papier mit dem Löffel heben. Die Fladen mit dem Sesam
und den Kümmel bestreuen und bei 180 Grad ca. 20
Minuten backen.

Pizza Fladen

Zutaten
Teig
100 g Magerquark
15 g Gluten
1 TL Pizzagewürz
1 EL Streukäse
2 Eier getrennt, dass Eiweiß
muss aufgeschlagen sein

Zutaten
Streukäse
1 EL getrocknete
Tomaten

Zubereitung
Quark, Gluten, Pizzagewürz, Streukäse und Eigelbe in
eine Schüssel geben und vermengen. Jetzt das Eiweiß
unterheben. Ein Blech mit Backpapier auslegen und
kleine runde Fladen auf das Papier mit dem Löffel heben.
Die Fladen mit dem Käse und den Tomaten bestreuen
und bei 180 Grad ca. 20 Minuten backen.

Ziegenkäse Fladen

Zutaten
Teig
100 g Magerquark
50 Ziegenkäse
30 g Gluten
2 Eier getrennt, dass Eiweiß
muss aufgeschlagen sein

Zutaten
Zum Bestreuen
1 EL Sesam
etwas Rosmarin

Zubereitung
Quark, Gluten und Eigelbe und Ziegenkäse in eine
Schüssel geben und vermengen. Jetzt das Eiweiß
unterheben. Ein Blech mit Backpapier auslegen und
kleine runde Fladen auf das Papier mit dem Löffel heben.
Die Fladen mit dem Sesam und den Rosmarin bestreuen
und bei 180 Grad ca. 20 Minuten backen.

Oliven Fladen

Zutaten
Teig
100 g Magerquark
15 g Gluten
5 schwarze Oliven gehackt
2 Eier getrennt, dass Eiweiß
muss aufgeschlagen sein

Zutaten
Zum Bestreuen
1 EL Sesam
etwas Rosmarin

Zubereitung
Quark, Gluten und Eigelbe in eine Schüssel geben und
vermengen. Jetzt das Eiweiß unterheben. Ein Blech mit
Backpapier auslegen und kleine runde Fladen auf das
Papier mit dem Löffel heben. Die Fladen mit dem Sesam
und den Rosmarin bestreuen und bei 180 Grad ca. 20
Minuten backen.

Salami Fladen

Zutaten
Teig
100 g Magerquark
50 g Salami in Stücken
15 g Gluten
2 Eier getrennt, dass Eiweiß
muss aufgeschlagen sein

Zutaten
Zum Bestreuen
1 EL Sesam
etwas Käse

Zubereitung
Quark, Gluten und Eigelbe in eine Schüssel geben und
vermengen. Jetzt das Eiweiß unterheben. Ein Blech mit
Backpapier auslegen und kleine runde Fladen auf das
Papier mit dem Löffel heben. Die Fladen mit dem Sesam
und den Käse bestreuen und bei 180 Grad ca. 20 Minuten
backen.

Kichererbsenbrot

Zutaten
250 g Gluten
100g Mandeln
100 g Leinsamen
80 g Kichererbsenmehl
1 Würfel Hefe
1 TL Brotgewürz
1 TL Salz
300 ml lauwarmes Wasser
1 Prise Zucker

Zubereitung
Wasser, Hefe und Zucker in eine Schüssel geben und
auflösen. Nun die übrigen Zutaten in die Schüssel geben
und mit dem Rührgerät auf höchster Stufe zum Teig
kneten. Den Teig in eine Backform geben und bei 200
Grad 50-60 Minuten backen. Dieses Brot ist auch vegan.

Helles Quarkbrot

Zutaten
4 Eier
200 g Quark
120 g weiße Mandeln gemahlen
1 EL Natron
1 TL Salz

Zutaten
Alle Zutaten miteinander vermengen und in eine
Mikrowellen geeignete Form geben. Bei 800 Watt ca. 6
Minuten garen.

Sesambrot

Zutaten
100 g Butter
1 Prise Salz
100g Sesam gemahlen
1/2 TL Backpulver
3 Eier
1 TL Chiasamen

Zubereitung
Hierbei handelt es sich um ein kleines Brot. Man kann es entweder in Muffinformen oder in eine kleine Brotbackform füllen. Zunächst alle Zutaten in eine Schüssel geben und gut verrühren. In die besagte Form füllen. Bei 180 Grad ca. 30 Minuten backen.

Veganes Hefebrot

Zutaten
250 g Gluten
280g Mandeln
1 Würfel Hefe
1 TL Brotgewürz
1 TL Salz
300 ml lauwarmes Wasser
1 Prise Zucker

Zubereitung
Wasser, Hefe und Zucker in eine Schüssel geben und
auflösen. Nun die übrigen Zutaten in die Schüssel geben
und mit dem Rührgerät auf höchster Stufe zum Teig
kneten. Den Teig in eine Backform geben und bei 200
Grad 50-60 Minuten backen. Dieses Brot ist auch vegan.

Mandeljoghurt Brot

Zutaten
Teig
400 g Sojajoghurt
180 g gemahlene Mandeln
50 g Vollkornmehl
30 g Weizenkleie
1 Päckchen Backpulver
1 TL Salz

Zutaten
Zum Bestreuen
20 g Sonnenblumenkerne

Zubereitung
Die Teigzutaten in ein Rührgefäß geben und mit dem
Mixgerät zu einer sämigen Masse mixen. Eine Backform
gut einfetten und den Teig hinein geben. Mit den
Sonnenblumenkernen bestreuen und bei 180 Grad ca. 1
Stunde backen.

Knuspriges Walnussbrot

Zutaten
4 Eier
1 TL Natron
200 g Naturjoghurt
60 ml Olivenöl
1 TL Brotgewürz
1 TL Salz
500 g gemahlene Walnüsse

Zutaten
Alle Zutaten in eine Schüssel führen und mit dem Rührgerät vermischen. Eine Brotbackform mit Backpapier auslegen und den Teig hinein füllen. Das Brot bei 200 Grad ca. eine Stunde backen.

Knuspriges Haselnussbrot

Zutaten
4 Eier
1 TL Natron
200 g Naturjoghurt
60 ml Olivenöl
1 TL Brotgewürz
1 TL Salz
500 g gemahlene Haselnüsse

Zutaten
Alle Zutaten in eine Schüssel führen und mit dem Rührgerät vermischen. Eine Brotbackform mit Backpapier auslegen und den Teig hinein füllen. Das Brot bei 200 Grad ca. eine Stunde backen.

Knuspriges Mandelbrot

Zutaten
4 Eier
1 TL Natron
200 g Naturjoghurt
60 ml Olivenöl
1 TL Brotgewürz
1 TL Salz
500 g gemahlene Mandeln

Zutaten
Alle Zutaten in eine Schüssel führen und mit dem Rührgerät vermischen. Eine Brotbackform mit Backpapier auslegen und den Teig hinein füllen. Das Brot bei 200 Grad ca. eine Stunde backen.

Süßes Kokosbrot

Zutaten
4 Eier
1 TL Natron
200 g Naturjoghurt
60 ml Kokosöl
Süßstoff nach Geschmack
1 EL Rosinen
1 TL Salz
250 g gemahlene Mandeln
250 g gemahlene Kokosflocken

Zutaten
Alle Zutaten in eine Schüssel führen und mit dem
Rührgerät vermischen. Eine Brotbackform mit
Backpapier auslegen und den Teig hinein füllen.
Das Brot bei 200 Grad ca. eine Stunde backen.

Süßes Mandelbrot

Zutaten
4 Eier
1 TL Natron
200 g Naturjoghurt
60 ml Erdnussöl
Süßstoff nach Geschmack
1 EL Rosinen
1 TL Salz
500 g gemahlene Mandeln

Zutaten
Alle Zutaten in eine Schüssel führen und mit dem Rührgerät vermischen. Eine Brotbackform mit Backpapier auslegen und den Teig hinein füllen. Das Brot bei 200 Grad ca. eine Stunde backen.

Kokos Bananenbrot

Zutaten
4 Eier
1 TL Natron
250 g Naturjoghurt
60 ml Kokosöl
Süßstoff nach Geschmack
1 zerdrückte Banane
1 TL Salz
250 g gemahlene Mandeln
50 g gehackte Mandeln
250 g gemahlene Kokosflocken

Zutaten
Alle Zutaten in eine Schüssel führen und mit dem
Rührgerät vermischen. Eine Brotbackform mit
Backpapier auslegen und den Teig hinein füllen.
Das Brot bei 200 Grad ca. eine Stunde backen.

Affenbrot

Zutaten
4 Eier
1 TL Natron
200 g Naturjoghurt
60 ml Kokosöl
Süßstoff nach Geschmack
1 zerdrückte Banane
2 EL Backkakao
1 Prise Zimt
1 TL Salz
250 g gemahlene Mandeln
250 g gemahlene Kokosflocken

Zutaten
Alle Zutaten in eine Schüssel führen und mit dem
Rührgerät vermischen. Eine Brotbackform mit
Backpapier auslegen und den Teig hinein füllen.
Das Brot bei 200 Grad ca. eine Stunde backen.

Rustikales Sonnenblumenkernbrot

Zutaten
4 Eier
1 TL Natron
100 g Naturjoghurt
100 g Bier
60 ml Olivenöl
1 TL Brotgewürz
1 TL Salz
350 g gemahlene Mandeln
150 g Sonnenblumenkerne

Zutaten
Alle Zutaten in eine Schüssel führen und mit dem
Rührgerät vermischen. Eine Brotbackform mit
Backpapier auslegen und den Teig hinein füllen.
Das Brot bei 200 Grad ca. eine Stunde backen.

Rustikales Kürbiskernbrot

Zutaten
4 Eier
1 TL Natron
100 g Naturjoghurt
100 g Bier
60 ml Olivenöl
1 TL Brotgewürz
1 TL Salz
350 g gemahlene Mandeln
150 g Kürbiskerne

Zutaten
Alle Zutaten in eine Schüssel führen und mit dem
Rührgerät vermischen. Eine Brotbackform mit
Backpapier auslegen und den Teig hinein füllen.
Das Brot bei 200 Grad ca. eine Stunde backen.

Kürbiskern Käsebrot

Zutaten
4 Eier
1 TL Natron
100 g Naturjoghurt
100 g Bier
60 ml Olivenöl
1 TL Brotgewürz
1 TL Salz
350 g gemahlene Mandeln
150 g Kürbiskerne
100 g Emmentaler gerieben
1 TL Kümmel

Zutaten
Alle Zutaten in eine Schüssel führen und mit dem
Rührgerät vermischen. Eine Brotbackform mit
Backpapier auslegen und den Teig hinein füllen.
Das Brot bei 200 Grad ca. eine Stunde backen.

Macadamianuss Brot

Zutaten
4 Eier
1 TL Natron
200 g Naturjoghurt
60 ml Olivenöl
1 TL Brotgewürz
1 TL Salz
400 g gemahlene Mandeln
100 g Macadamias

Zutaten
Alle Zutaten in eine Schüssel führen und mit dem
Rührgerät vermischen. Eine Brotbackform mit
Backpapier auslegen und den Teig hinein füllen.
Das Brot bei 200 Grad ca. eine Stunde backen.

Pinienkerne Brot

Zutaten
4 Eier
1 TL Natron
200 g Naturjoghurt
60 ml Olivenöl
1 TL Brotgewürz
1 TL Salz
300 g gemahlene Mandeln
100 g Kokosflocken gemahlen
100 g Pinienkerne

Zutaten
Alle Zutaten in eine Schüssel führen und mit dem Rührgerät vermischen. Eine Brotbackform mit Backpapier auslegen und den Teig hinein füllen. Das Brot bei 200 Grad ca. eine Stunde backen.

Kastanienmehl Brot

Zutaten
4 Eier
1 TL Natron
200 g Naturjoghurt
60 ml Olivenöl
1 TL Brotgewürz
1 TL Salz
300 g gemahlene Walnüsse
200 g Kastanienmehl

Zutaten
Alle Zutaten in eine Schüssel führen und mit dem
Rührgerät vermischen. Eine Brotbackform mit
Backpapier auslegen und den Teig hinein füllen.
Das Brot bei 200 Grad ca. eine Stunde backen.

Flohsamen Brot

Zutaten
4 Eier
1 TL Natron
200 g Naturjoghurt
60 ml Olivenöl
1 TL Brotgewürz
1 TL Salz
300 g gemahlene Mandeln
200 g Flohsamenschalen

Zutaten
Alle Zutaten in eine Schüssel führen und mit dem
Rührgerät vermischen. Eine Brotbackform mit
Backpapier auslegen und den Teig hinein füllen.
Das Brot bei 200 Grad ca. eine Stunde backen.

Kastanienmehl Brot

Zutaten
4 Eier
1 TL Natron
200 g Naturjoghurt
60 ml Olivenöl
1 TL Brotgewürz
1 TL Salz
300 g gemahlene Walnüsse
200 g Kastanienmehl

Zutaten
Alle Zutaten in eine Schüssel führen und mit dem Rührgerät vermischen. Eine Brotbackform mit Backpapier auslegen und den Teig hinein füllen. Das Brot bei 200 Grad ca. eine Stunde backen.

Kürbiskern Kastanienmehl Brot

Zutaten
4 Eier
1 TL Natron
200 g Naturjoghurt
60 ml Olivenöl
1 TL Brotgewürz
1 TL Salz
300 g gemahlene Walnüsse
200 g Kastanienmehl
100 g Kürbiskerne

Zutaten
Alle Zutaten in eine Schüssel führen und mit dem Rührgerät vermischen. Eine Brotbackform mit Backpapier auslegen und den Teig hinein füllen. Das Brot bei 200 Grad ca. eine Stunde backen.

Mohnbrot

Zutaten
300 g Magerquark
100 g Mandeln gemahlen
100 g Leinsamen gemahlen
20 g Butter
5 EL Weizenspeisekleie
8 Eier
1 TL Salz
1 Pck. Backpulver
100 g Mohn

Mohn zum Bestreuen

Zubereitung
Alle Zutaten außer den Sonnenblumenkernen in eine Schüssel geben und vermengen. Eine Kastenform mit Backpapier auskleiden und den Teig hinein geben. Mit dem Mohn bestreuen und in den Ofen schieben. Bei 180 Grad ca. 1 Stunde backen.

Sesambrot

Zutaten
300 g Magerquark
100 g Mandeln gemahlen
100 g Leinsamen gemahlen
20 g Butter
5 EL Weizenspeisekleie
8 Eier
100 g Sesam
1 TL Salz
1 Pck. Backpulver
Sesam zum Bestreuen

Zubereitung
Alle Zutaten außer den Sonnenblumenkernen in eine
Schüssel geben und vermengen. Eine Kastenform mit
Backpapier auskleiden und den Teig hinein geben. Mit
dem Sesam bestreuen und in den Ofen schieben. Bei 180
Grad ca. 1 Stunde backen.

Nachtrag zum Impressum
Bilderquelle

Everystockphoto.com
- MShades
- Capetan
- Daniel Morrison
- Flora
- Nowichnuts
- Roberto Verzo
- Maggie Hoffmann
- Sushi Ina
- Itinerant Tightwald
- Chrisliang51
- SuperFantastic
- Allenp
- Bloggyboulga
- Amazing Almonds
- LittleBlue hen

Herstellung und Verlag:
BoD - Books on Demand, Norderstedt
ISBN 978-3-7386-2820-3